חֵלֶק ב׳

חָבֵר לַתּוֹרָה

מֵאֵת

אֵלִיָּהוּ פֶּרְסְקִי

illustrations by
FAYA MAYVAR

KTAV PUBLISHING HOUSE

Design and Art Supervision by EZEKIEL SCHLOSS

CHAVER LA TORAH 2

Printing year: 2017

ISBN 978-0-87068-800-6

KTAV PUBLISHING HOUSE
527 Empire Blvd.
Brooklyn, NY 11225

Website: www.ktav.com
Email: orders@ktav.com
ph: (718)972-5449 / Fax: (718)972-6307

FOREWORD

The Torah is the cornerstone of Judaism. It provides us with the foundation for ethical Jewish living which touches upon every facet of our daily lives.

The aim of every Jewish educator is to transmit the message of the Torah in its original form to the student. However, due to the involved language and complicated sentence structure, it has always been difficult for the student to make the transition from the graded language textbook to the Chumash.

The textbook *Chaver Latorah* was designed to bridge this difficulty and make the transition smoother and easier. This book forms a language "bridge" to the Chumash, which can be utilized at an early stage in the student's Hebrew education.

Chaver Latorah consists of Bible stories written in a simple, graded, yet modern idiomatic Hebrew. Within the framework of each lesson there is the vocabulary for a sentence or phrase from the Chumash. The phrase is then assembled and recast in its original Torah form at the bottom of each lesson. To emphasize its derivation from the Torah, the phrase is also given in the Torah script.

However, let it be understood that this textbook is not intended as a substitute for the Chumash, but only as a bridge leading to the study of the original text of the Torah.

My sincere thanks to Mr. Sol Scharfstein for his many helpful suggestions and skillful technical help in producing this book.

Elias Persky

לְזֵכֶר נִשְׁמַת אָחִי מוֹרִי

הַסּוֹפֵר הַמְהֻלָּל

דָּנִיאֵל פֶּרְסְקִי, ז״ל

סִפּוּרֵי הַסִּדְרָה

"לֶךְ לְךָ"

אַבְרָהָם אָבִינוּ.

our father	אָבִינוּ
idol	פֶּסֶל, פְּסִילִים (ר.)
prayed	הִתְפַּלֵּל, הִתְפַּלְּלוּ (ר.)
first	רִאשׁוֹן
begot , was father of	הוֹלִיד

בַּאֲמֶרִיקָה יֵשׁ עִבְרִים רַבִּים.

בְּאֶרֶץ יִשְׂרָאֵל יֵשׁ עִבְרִים רַבִּים.

בְּכָל הָעוֹלָם יֵשׁ עִבְרִים.

אֲבָל לִפְנֵי שָׁנִים רַבּוֹת

לֹא הָיוּ עִבְרִים רַבִּים.

לִפְנֵי שָׁנִים רַבּוֹת הָיָה רַק עִבְרִי אֶחָד.

שֵׁם הָעִבְרִי הַזֶּה הָיָה אַבְרָהָם.

מִי הָיָה הָאָב שֶׁל אַבְרָהָם?

הָאָב שֶׁל אַבְרָהָם הָיָה תֶּרַח.

תֶּרַח לֹא הָיָה עִבְרִי,

כִּי תֶּרַח הִתְפַּלֵּל אֶל הַפְּסִילִים.

גַּם כָּל הָאֲנָשִׁים בַּיָּמִים

שֶׁל תֶּרַח הִתְפַּלְּלוּ לַפְּסִילִים.

רַק אַבְרָהָם לֹא הִתְפַּלֵּל לַפְּסִילִים.

אַבְרָהָם הִתְפַּלֵּל אֶל ה׳ אֲשֶׁר בַּשָּׁמַיִם.

אַבְרָהָם הָיָה הָעִבְרִי הָרִאשׁוֹן.

אַבְרָהָם הָיָה הָאָב שֶׁל כָּל הָעִבְרִים.

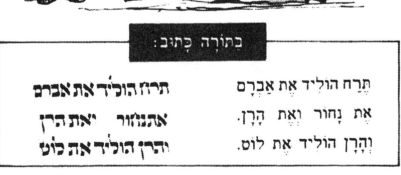

בַּתּוֹרָה כָּתוּב:

תֶּרַח הוֹלִיד אֶת אַבְרָם
אֶת נָחוֹר וְאֶת הָרָן.
וְהָרָן הוֹלִיד אֶת לוֹט.

תרח הוליד את אברם
את נחור ואת הרן
והרן הוליד את לוט

שָׂרָה אִמֵּנוּ

our mother	אִמֵּנוּ
was born	נוֹלַד
his	שֶׁלּוֹ
righteous	צַדֶּקֶת (נ.)
first	רִאשׁוֹנָה (נ.)

תֶּרַח קָרָא אֶת שֵׁם הַבֵּן שֶׁלּוֹ אַבְרָם.

אֲבָל ה׳ קָרָא לוֹ אַבְרָהָם.

אַבְרָם נוֹלַד בְּעִיר אוּר כַּשְׂדִּים, בְּאֶרֶץ בָּבֶל.

כַּאֲשֶׁר גָּדַל אַבְרָם, הוּא לָקַח אִשָּׁה.

שֵׁם הָאִשָּׁה שֶׁלּוֹ הָיָה שָׂרַי.

אֲבָל ה' קָרָא לָהּ שָׂרָה.

אַבְרָם הָיָה אִישׁ טוֹב מְאֹד.

אַבְרָם הָיָה אִישׁ צַדִּיק.

גַּם שָׂרַי הָיְתָה אִשָּׁה טוֹבָה מְאֹד.

גַּם שָׂרַי הָיְתָה אִשָּׁה צַדֶּקֶת.

אַבְרָהָם הָיָה הָעִבְרִי הָרִאשׁוֹן.

שָׂרָה הָיְתָה הָעִבְרִיָּה הָרִאשׁוֹנָה.

אַבְרָהָם הָיָה הָאָב שֶׁל כָּל הָעִבְרִים.

שָׂרָה הָיְתָה הָאֵם שֶׁל כָּל הָעִבְרִים.

בַּתּוֹרָה כָּתוּב:

וַיִּקַּח אַבְרָם לוֹ אִשָּׁה.	ויקח אברם לו אשה
שֵׁם אֵשֶׁת אַבְרָם שָׂרָי.	שם אשת אברם שרי

וַיִּקַּח = לָקַח. אֵשֶׁת = הָאִשָּׁה שֶׁל.

לֶךְ לְךָ.

go out	צֵא
birthplace	מוֹלֶדֶת
yours	שֶׁלְּךָ
I will show	אַרְאֶה
hard	קָשֶׁה
to go out	לָצֵאת
property	רְכוּשׁ

יוֹם אֶחָד אָמַר ה׳ אֶל אַבְרָם:

"צֵא מִן אֶרֶץ הַמּוֹלֶדֶת שֶׁלְּךָ,

צֵא מִן הַבַּיִת שֶׁלְּךָ.

וְלֵךְ אֶל הָאָרֶץ, אֲשֶׁר אֲנִי אַרְאֶה לְךָ".

בַּיָּמִים הָהֵם יָשַׁב אַבְרָם בְּעִיר חָרָן.

גַּם הָאָב שֶׁלּוֹ תֶּרַח יָשַׁב בְּעִיר חָרָן.

גַּם הָאָח שֶׁלּוֹ נָחוֹר יָשַׁב בְּעִיר חָרָן.

קָשֶׁה הָיָה לְאַבְרָם לָצֵאת
מִן אֶרֶץ מוֹלַדְתּוֹ.
קָשֶׁה הָיָה לְאַבְרָם לָצֵאת מִן הַבַּיִת שֶׁלּוֹ.

אֲבָל אַבְרָם הָיָה אִישׁ צַדִּיק,

וְהוּא עָשָׂה אֶת כָּל אֲשֶׁר אָמַר לוֹ ה׳.

אַבְרָם לָקַח אֶת הָאִשָּׁה שֶׁלּוֹ שָׂרַי.

אַבְרָם לָקַח אֶת הַבֵּן שֶׁל אָחִיו, לוֹט.

אַבְרָם לָקַח אֶת כָּל הָרְכוּשׁ שֶׁלּוֹ,

וְהוּא הָלַךְ אֶל הָאָרֶץ, אֲשֶׁר אָמַר לוֹ ה׳.

בַּתּוֹרָה כָּתוּב:

וַיֹּאמֶר ה׳ אֶל אַבְרָם:	ויאמר יהוה אל אברם
לֶךְ לְךָ מֵאַרְצְךָ	לך לך מארצך
וּמִמּוֹלַדְתְּךָ וּמִבֵּית	וממולדתך ומבית
אָבִיךָ, אֶל הָאָרֶץ אֲשֶׁר	אביך אל הארץ אשר
אַרְאֶךָּ.	אראך

מוֹלַדְתְּךָ = אֶרֶץ הַמּוֹלֶדֶת שֶׁלְּךָ. אַרְאֶךָּ = אֲנִי אַרְאֶה לְךָ.

לְזַרְעֲךָ אֶתֵּן אֶת הָאָרֶץ הַזֹּאת.

נִרְאָה	appeared
אֶתֵּן	I will give
נֶגֶב	south
זֶרַע	children
זַרְעֲךָ	your children

אַבְרָם הָלַךְ וְהָלַךְ וּבָא אֶל הָאָרֶץ,

אֲשֶׁר אָמַר לוֹ ה׳.

מַה שֵּׁם הָאָרֶץ הַזֹּאת?

שֵׁם הָאָרֶץ הַזֹּאת בַּיָּמִים הָהֵם הָיָה

אֶרֶץ כְּנַעַן.

אַחֲרֵי כֵן קָרְאוּ לָאָרֶץ הַזֹּאת אֶרֶץ יִשְׂרָאֵל.

אַבְרָם בָּא אֶל הָעִיר שְׁכֶם.

ה׳ נִרְאָה אֶל אַבְרָם וְאָמַר:

"אֶת הָאָרֶץ הַזֹּאת אֲנִי אֶתֵּן לְךָ.

אֶת הָאָרֶץ הַזֹּאת אֲנִי אֶתֵּן לַבָּנִים שֶׁלְּךָ".

אַבְרָם נָתַן תּוֹדָה לַה׳.

אֵיךְ הוּא נָתַן תּוֹדָה לַה׳?

הוּא בָּנָה מִזְבֵּחַ וְהִתְפַּלֵּל לַה׳.

מִן הָעִיר שְׁכֶם הָלַךְ אַבְרָם וְהָלַךְ
אֶל צַד הַנֶּגֶב.

בַּתּוֹרָה כָּתוּב:

וירא יהוה אל אברם	וַיֵּרָא ה׳ אֶל אַבְרָם
ויאמר לזרעך אתן	וַיֹּאמֶר: לְזַרְעֲךָ אֶתֵּן
את הארץ הזאת	אֶת הָאָרֶץ הַזֹּאת.

וַיֵּרָא ה׳ – ה׳ נִרְאָה. לְזַרְעֲךָ – לַבָּנִים שֶׁלְּךָ.

אַבְרָם אִישׁ שָׁלוֹם.

עָשִׁיר	rich
בָּקָר	cattle
רוֹעֶה, רוֹעִים (ר.)	shepherd
שָׂדֶה	field
אָהַב	liked
רִיב	quarrel

אַבְרָם הָיָה אִישׁ עָשִׁיר.
הָיָה לוֹ הַרְבֵּה צֹאן.
הָיָה לוֹ הַרְבֵּה בָּקָר.
הָיוּ לוֹ הַרְבֵּה רוֹעִים.

גַּם לוֹט הָיָה אִישׁ עָשִׁיר.
גַּם לְלוֹט הָיָה הַרְבֵּה צֹאן.
גַּם לְלוֹט הָיָה הַרְבֵּה בָּקָר.
גַּם לְלוֹט הָיוּ הַרְבֵּה רוֹעִים.

הָרוֹעִים שֶׁל אַבְרָם וְהָרוֹעִים שֶׁל לוֹט

הָיוּ בְּשָׂדֶה אֶחָד.

וְלֹא הָיָה מָקוֹם בַּשָּׂדֶה הַזֶּה

לְכָל הַצֹּאן וְהַבָּקָר.

פַּעַם אַחַת הָיָה רִיב בֵּין הָרוֹעִים.

אַבְרָם שָׁמַע זֹאת וְהָיָה עָצוּב מְאֹד,

כִּי אַבְרָם לֹא אָהַב רִיב.

אַבְרָם הָיָה אִישׁ שָׁלוֹם.

בַּתּוֹרָה כָּתוּב:

וַיְהִי רִיב בֵּין רֹעֵי מִקְנֵה אַבְרָם, וּבֵין רֹעֵי מִקְנֵה לוֹט.	**ויהי ריב בין רעי מקנה אברם ובין רעי מקנה לוט**

מִקְנֶה = צֹאן וּבָקָר.

כִּכַּר הַיַּרְדֵּן.

Plain of the Jordan	כִּכַּר הַיַּרְדֵּן
that	כִּי
our	שֶׁלָּנוּ
right	יָמִין
left	שְׂמֹאל
I will go	אֵלֵךְ
you will go	תֵּלֵךְ

אָמַר אַבְרָם אֶל לוֹט:

"אֵינֶנִּי אוֹהֵב רִיב בֵּין אֲנָשִׁים.

אֲנִי יוֹדֵעַ, כִּי אֵין מָקוֹם בְּשָׂדֶה אֶחָד

לְכָל הַצֹּאן וְהַבָּקָר שֶׁלָּנוּ.

אֲבָל הָאָרֶץ הַזֹּאת גְּדוֹלָה.

לֵךְ אֶל כָּל מָקוֹם שֶׁאַתָּה רוֹצֶה.

אִם תֵּלֵךְ אֶל צַד יָמִין,

אֲנִי אֵלֵךְ אֶל צַד שְׂמֹאל.

וְאִם תֵּלֵךְ אֶל צַד שְׂמֹאל,

אֲנִי אֵלֵךְ אֶל צַד יָמִין".

וְלוֹט הָלַךְ אֶל כִּכַּר הַיַּרְדֵּן,
מָקוֹם שֶׁל הַרְבֵּה מַיִם וְעֵשֶׂב.
לוֹט יָשַׁב בְּעִיר סְדוֹם.

אַבְרָם הָיָה עָצוּב מְאֹד,
כִּי לוֹט יָשַׁב בְּעִיר סְדוֹם,
עִיר שֶׁל אֲנָשִׁים רָעִים מְאֹד.

בַּתּוֹרָה כָּתוּב:

וַיִּשָּׂא לוֹט אֶת עֵינָיו	וישא לוט את עיניו
וַיַּרְא אֶת כָּל כִּכַּר	וירא את כל ככר
הַיַּרְדֵּן, כִּי כֻלָּהּ מַשְׁקֶה.	הירדן כי כלה משקה

וַיִּשָּׂא – הֵרִים. וַיַּרְא – רָאָה. מַשְׁקֶה – מְלֵאָה מַיִם.

לוט נִשְׁבָּה.

נִשְׁבָּה	was captured
מִלְחָמָה	war
מֶלֶךְ, מְלָכִים (ר.)	king
שֶׁבִי	captivity
לְהַצִּיל	to save
הִתְנַפֵּל	fell upon
מַכָּה רַבָּה	great defeat
פָּלִיט	fugitive

בַּיָּמִים הָהֵם הָיְתָה מִלְחָמָה.

אַרְבָּעָה מְלָכִים הִכּוּ אֶת מֶלֶךְ סְדוֹם.

הֵם לָקְחוּ אֶת כָּל הָאֲנָשִׁים בַּשֶּׁבִי.

וְגַם אֶת לוֹט הֵם לָקְחוּ בַּשֶּׁבִי.
אִישׁ אֶחָד מִן הָעִיר סְדוֹם
רָץ אֶל אַבְרָם וְאָמַר לוֹ,
כִּי לוֹט נִשְׁבָּה.
כַּאֲשֶׁר שָׁמַע זֹאת אַבְרָם,
הוּא לָקַח אֶת כָּל הָרוֹעִים שֶׁלּוֹ,
שְׁלֹשׁ מֵאוֹת וּשְׁמֹנָה עָשָׂר (318) אִישׁ,
וְהֵם יָצְאוּ לְהַצִּיל אֶת לוֹט.
אַבְרָם הִתְנַפֵּל עַל הַמְּלָכִים בַּלַּיְלָה,
וְהִכָּה אוֹתָם מַכָּה רַבָּה.

בַּתּוֹרָה כָּתוּב:

וַיָּבֹא הַפָּלִיט וַיַּגֵּד
לְאַבְרָם הָעִבְרִי. וַיִּשְׁמַע
אַבְרָם, כִּי נִשְׁבָּה אָחִיו.

ויבא הפליט ויגד
לאברם העברי וישמע
אברם כי נשבה אחיו

וַיָּבֹא - בָּא. וַיַּגֵּד - הִגִּיד. פָּלִיט - אִישׁ שֶׁבָּרַח מִן הַמִּלְחָמָה.

תֵּן לִי הַנֶּפֶשׁ, וְהָרְכוּשׁ קַח לָךְ.

soul , souls , people	נֶפֶשׁ
returned	הֵשִׁיב
them	אוֹתָם
from you	מִמְּךָ
even	אֲפִילוּ
shoelace	שְׂרוֹךְ נַעַל
you will say	תֹּאמַר

אַבְרָם הִצִּיל אֶת לוֹט.

אַבְרָם הִצִּיל אֶת כָּל הָאֲנָשִׁים.

אַבְרָם הֵשִׁיב אוֹתָם אֶל הָעִיר סְדוֹם.

מֶלֶךְ סְדוֹם אָמַר אֶל אַבְרָם:

"תֵּן לִי אֶת הָאֲנָשִׁים שֶׁל סְדוֹם,

וְקַח לְךָ אֶת כָּל הָרְכוּשׁ".

אָמַר אַבְרָם אֶל מֶלֶךְ סְדוֹם:

"אֵינֶנִּי רוֹצֶה לָקַחַת מִמְּךָ דָּבָר,

אֵינֶנִּי רוֹצֶה לָקַחַת מִמְּךָ

אֲפִילוּ שְׂרוֹךְ נַעַל.

אֵינֶנִּי רוֹצֶה שֶׁאַתָּה תֹּאמַר:

"אֲנִי עָשִׂיתִי אֶת אַבְרָם לְאִישׁ עָשִׁיר."

בַּתּוֹרָה כָּתוּב:

וַיֹּאמֶר מֶלֶךְ סְדוֹם אֶל
אַבְרָם: תֶּן לִי הַנֶּפֶשׁ,
וְהָרְכוּשׁ קַח לָךְ.

ויאמר מלך סדם אל
אברם תן לי הנפש
והרכש קח לך

הַנֶּפֶשׁ - הָאֲנָשִׁים.

כֹּה יִהְיֶה זַרְעֶךָ.

so	כֹּה
thing	דָּבָר, דְּבָרִים (ר.)
reward	שָׂכָר
count	סְפֹר
to count	לִסְפֹּר
can	יָכֹל
please	נָא

אַחֲרֵי הַדְּבָרִים הָאֵלֶּה אָמַר ה׳ לְאַבְרָם:

"כִּי אַתָּה אִישׁ צַדִּיק,

אֲנִי אֶתֵּן לְךָ הַרְבֵּה שָׂכָר".

אָמַר אַבְרָם:

"לָמָּה לִי הַשָּׂכָר, אִם אֵין לִי בָּנִים".

אָמַר ה׳:

"אַבְרָם, צֵא אֶל הַחוּץ,

וּסְפֹר אֶת הַכּוֹכָבִים בַּשָּׁמַיִם".

אַבְרָם יָצָא אֶל הַחוּץ.

הוּא הִבִּיט אֶל הַשָּׁמַיִם וְאָמַר:

"אֵינֶנִּי יָכוֹל לִסְפֹּר אֶת הַכּוֹכָבִים,

כִּי הֵם רַבִּים מְאֹד".

אָמַר ה':

"גַּם הַבָּנִים שֶׁלְּךָ יִהְיוּ רַבִּים מְאֹד,

כְּמוֹ הַכּוֹכָבִים בַּשָּׁמַיִם".

בַּתּוֹרָה כָּתוּב:

הַבֶּט נָא הַשָּׁמַיְמָה
וּסְפֹר הַכּוֹכָבִים. כֹּה
יִהְיֶה זַרְעֶךָ.

הבט נא השמימה
וספר הכוכבים כה
יהיה זרעך

נָא - בְּבַקָּשָׁה. הַשָּׁמַיְמָה - אֶל הַשָּׁמַיִם.

אַב הֲמוֹן גּוֹיִם.

multitude of nations	הֲמוֹן גּוֹיִם
don't be	אַל תִּהְיֶה
your name	שִׁמְךָ
your wife	אִשְׁתְּךָ
she will give birth	הִיא תֵּלֵד
in his heart	בְּלִבּוֹ
shall not be called	לֹא יִקָּרֵא

שָׂרַי הָיְתָה אִשָּׁה זְקֵנָה,

וְהִיא לֹא יָלְדָה בָּנִים.

אַבְרָם הָיָה עָצוּב מְאֹד.

אָמַר ה' אֶל אַבְרָם:

״אַל תִּהְיֶה עָצוּב.
אֲנִי אֶתֵּן לְךָ בָּנִים.
מִן הַיּוֹם הַזֶּה שִׁמְךָ יִהְיֶה אַבְרָהָם.
כִּי אַתָּה תִּהְיֶה אַב הֲמוֹן גּוֹיִם.
וְשֵׁם אִשְׁתְּךָ שָׂרַי יִהְיֶה שָׂרָה,
וְהִיא תֵּלֵד לְךָ בֵּן״.
אַבְרָהָם צָחַק בְּלִבּוֹ,
כִּי הוּא הָיָה אִישׁ זָקֵן מְאֹד.
וְגַם שָׂרָה צָחֲקָה בְּלִבָּהּ,
כִּי גַּם הִיא הָיְתָה זְקֵנָה מְאֹד.

בַּתּוֹרָה כָּתוּב:

וְלֹא יִקָּרֵא עוֹד שִׁמְךָ
אַבְרָם, וְהָיָה שִׁמְךָ
אַבְרָהָם, כִּי אַב הֲמוֹן
גּוֹיִם נְתַתִּיךָ.

ולא יקרא עוד את שמך
אברם והיה שמך
אברהם כי אב המון
גוים נתתיך

סִפּוּרֵי הַסִּדְרָה

"וַיֵּרָא"

אַבְרָהָם מַכְנִיס אוֹרְחִים.

visitor	אוֹרֵחַ, אוֹרְחִים (ר.)
admits	מַכְנִיס
tent	אֹהֶל
road	דֶּרֶךְ
suddenly	פִּתְאֹם
angel	מַלְאָךְ, מַלְאָכִים (ר.)
happy	שָׂמֵחַ

הָאֹהֶל שֶׁל אַבְרָהָם עָמַד אֵצֶל הַדֶּרֶךְ.
הָאֹהֶל הַזֶּה הָיָה פָּתוּחַ לְכָל אוֹרֵחַ,
כִּי אַבְרָהָם אָהַב מְאֹד אוֹרְחִים.
פַּעַם אַחַת הָיָה יוֹם חַם מְאֹד.
אַבְרָהָם יָשַׁב אֵצֶל פֶּתַח הָאֹהֶל,
וְלֹא רָאָה אִישׁ בַּדֶּרֶךְ.
אַבְרָהָם הָיָה עָצוּב מְאֹד.
פִּתְאֹם רָאָה אַבְרָהָם שְׁלֹשָׁה אֲנָשִׁים עוֹמְדִים.

הָאֲנָשִׁים הָאֵלֶּה הָיוּ מַלְאָכִים שֶׁל ה'.

וְאַבְרָהָם הָיָה שָׂמֵחַ מְאֹד.

אַבְרָהָם רָץ אֶל הָאֲנָשִׁים

וְהֵבִיא אוֹתָם אֶל הָאֹהֶל.

בַּתּוֹרָה כָּתוּב:

וַיִּשָּׂא עֵינָיו וַיַּרְא וְהִנֵּה
שְׁלֹשָׁה אֲנָשִׁים נִצָּבִים
עָלָיו.

וישא עיניו וירא והנה
שלשה אנשים נצבים
עליו

וַיִּשָּׂא עֵינָיו – הֵרִים אֶת הָעֵינַיִם שֶׁלּוֹ. נִצָּבִים – עוֹמְדִים.

אַבְרָהָם אוֹמֵר מְעַט וְעוֹשֶׂה הַרְבֵּה.

time	זְמַן
heard	שָׁמַע, שָׁמְעָה (נ.)
I will return	אָשׁוּב
a little	מְעַט
asked	בִּקֵּשׁ
to drink	לִשְׁתּוֹת
to eat	לֶאֱכֹל

אַבְרָהָם בִּקֵּשׁ מִן הָאוֹרְחִים

לִשְׁתּוֹת מְעַט מַיִם, וְלֶאֱכֹל פַּת לֶחֶם.

הָאוֹרְחִים יָשְׁבוּ תַּחַת הָעֵץ,

וְאַבְרָהָם נָתַן לָהֶם הַרְבֵּה מַיִם

וְהַרְבֵּה לֶחֶם.

וְגַם בָּשָׂר נָתַן לָהֶם, וְהֵם אָכְלוּ.

הָאוֹרְחִים שָׁאֲלוּ אֶת אַבְרָהָם:

"אַיֵּה שָׂרָה אִשְׁתֶּךָ?"

אַבְרָהָם עָנָה: "שָׂרָה בָּאֹהֶל".

אוֹרֵחַ אֶחָד קָם וְאָמַר:

"אֲנִי אָשׁוּב אֵלֶיךָ

בַּשָּׁנָה הַבָּאָה בַּזְּמַן הַזֶּה,

וּלְשָׂרָה אִשְׁתְּךָ יִהְיֶה בֵּן".

שָׂרָה שָׁמְעָה אֶת הַדְּבָרִים הָאֵלֶּה

וְהִיא צָחֲקָה בְּלִבָּהּ.

בַּתּוֹרָה כָּתוּב:

שׁוֹב אָשׁוּב אֵלֶיךָ כָּעֵת
חַיָּה, וְהִנֵּה בֵן לְשָׂרָה
אִשְׁתֶּךָ.

שוב אשוב אליך כעת
חיה והנה בן לשרה
אשתך

כָּעֵת חַיָּה – בַּשָּׁנָה הַבָּאָה בַּזְּמַן הַזֶּה.

אַבְרָהָם רִחֵם עַל כָּל הָאֲנָשִׁים.

רִחֵם	had pity
רָשָׁע, רְשָׁעִים (ר.)	wicked
לְהַשְׁחִית	to destroy
אַשְׁחִית	I will destroy
תַּשְׁחִית	you will destroy
אוּלַי	perhaps
אֶמְצָא	I will find

הָאֲנָשִׁים קָמוּ וְהָלְכוּ אֶל סְדוֹם.

וְהָעִיר סְדוֹם רָעָה מְאֹד.

כָּל הָאֲנָשִׁים בְּעִיר סְדוֹם הָיוּ רְשָׁעִים.

וַה׳ רָצָה לְהַשְׁחִית אֶת כָּל הָעִיר.

אַבְרָהָם שָׁמַע זֹאת, וְהָיָה עָצוּב מְאֹד,

כִּי הוּא רִחֵם עַל הָאֲנָשִׁים בָּעִיר.

הוּא רַחֵם אֲפִילוּ עַל אֲנָשִׁים רָעִים.

אָמַר אַבְרָהָם אֶל ה׳:

"אוּלַי יֵשׁ בָּעִיר חֲמִשִּׁים (50) צַדִּיקִים?

הַאִם אַתָּה תַּשְׁחִית אֶת כָּל הָעִיר?"

אָמַר ה׳:

"אִם אֶמְצָא בָּעִיר אֲפִילוּ
עֲשָׂרָה (10) צַדִּיקִים,

לֹא אַשְׁחִית אֶת הָעִיר הַזֹּאת".

אֲבָל בְּכָל הָעִיר הָיָה רַק צַדִּיק אֶחָד,

וְהוּא הָיָה לוֹט, בֶּן הָאָח שֶׁל אַבְרָהָם.

בַּתּוֹרָה כָּתוּב:

וַיָּקֻמוּ מִשָּׁם הָאֲנָשִׁים	ויקמו משם האנשים
וַיֵּלְכוּ סְדֹמָה. וְאַנְשֵׁי	וילכו סדמה ואנשי
סְדֹם רָעִים וְחַטָּאִים	סדם רעים וחטאים
לַה׳ מְאֹד.	ליהוה מאד

וַיָּקֻמוּ = קָמוּ. וַיֵּלְכוּ = הָלְכוּ. סְדֹמָה = אֶל סְדֹם.

הָאֲנָשִׁים הָרְשָׁעִים שֶׁל סְדוֹם.

gate	שַׁעַר
to enter	לָבֹא
to sleep	לִישֹׁן
approached	נִגְּשׁוּ
blindness	סַנְוֵרִים
to find	לִמְצֹא
surrounded	נָסַבּוּ

שְׁנֵי מַלְאָכִים בָּאוּ אֶל סְדוֹם בָּעֶרֶב.

וְלוֹט יָשַׁב בְּשַׁעַר שֶׁל סְדוֹם.

לוֹט בִּקֵּשׁ מִן הַמַּלְאָכִים
לָבֹא אֶל בֵּיתוֹ, לֶאֱכֹל, וְגַם לִישֹׁן.

שְׁנֵי הַמַּלְאָכִים בָּאוּ אֶל בֵּיתוֹ.
הֵם אָכְלוּ וְשָׁתוּ וְחָפְצוּ לִישֹׁן.

אַנְשֵׁי סְדוֹם שָׁמְעוּ זֹאת
וְהֵם בָּאוּ אֶל הַבַּיִת שֶׁל לוֹט.
הֵם נִגְּשׁוּ אֶל הַבַּיִת,
וְחָפְצוּ לַהֲרֹג אֶת הָאוֹרְחִים.

הַמַּלְאָכִים הִכּוּ אֶת הָאֲנָשִׁים בַּסַּנְוֵרִים,
וְהֵם לֹא יָכְלוּ לִמְצֹא אֶת הַדֶּלֶת.

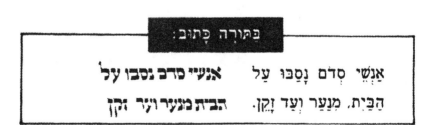

בַּתּוֹרָה כָּתוּב:

אַנְשֵׁי סְדֹם נָסַבּוּ עַל הַבַּיִת, מִנַּעַר וְעַד זָקֵן.	אנשי סדם נסבו על הבית מנער ועד זקן

נָסַבּוּ - עָמְדוּ סָבִיב.

סוֹף הָעִיר סְדוֹם.

אַל תַּבִּיטוּ	don't look
תָּמוּתוּ	you will die
נְצִיב מֶלַח	pillar of salt
הוֹרִיד	brought down
אֵשׁ	fire
גָּפְרִית	brimstone
נִשְׁאַר, נִשְׁאֲרוּ (ר.)	remained

שְׁנֵי הַמַּלְאָכִים אָמְרוּ אֶל לוֹט:

"קַח אֶת הַמִּשְׁפָּחָה שֶׁלְּךָ

וְצֵא מַהֵר מִן הַמָּקוֹם הַזֶּה,

כִּי ה' מַשְׁחִית אֶת כָּל הָעִיר סְדוֹם.

וְאַל תַּבִּיטוּ אַחֲרֵיכֶם, כִּי תָּמוּתוּ".

לוֹט לָקַח אֶת אִשְׁתּוֹ וּשְׁתֵּי בְּנוֹתָיו,

וְהֵם יָצְאוּ מַהֵר מִן הָעִיר.

אֵשֶׁת לוֹט הִבִּיטָה אַחֲרֶיהָ,

וְהִיא הָיְתָה לִנְצִיב מֶלַח.

וְלוֹט וּבְנוֹתָיו יָצְאוּ מִן הָעִיר בְּשָׁלוֹם.

ה׳ הוֹרִיד גֶּשֶׁם שֶׁל אֵשׁ וְגָפְרִית עַל סְדוֹם,

וְכָל הָעִיר עָלְתָה בָאֵשׁ.

כָּל הָאֲנָשִׁים בִּסְדוֹם מֵתוּ,

רַק לוֹט וּשְׁתֵּי בְּנוֹתָיו נִשְׁאָרוּ.

בַּתּוֹרָה כָּתוּב:

וַתַּבֵּט אִשְׁתּוֹ מֵאַחֲרָיו   וַתַּבֵּט אִשְׁתּוֹ מֵאַחֲרָיו

וַתְּהִי נְצִיב מֶלַח.   וַתְּהִי נְצִיב מֶלַח

וַתַּבֵּט הַבִּיטָה. וַתְּהִי - הָיְתָה.

הֻלֶּדֶת יִצְחָק.

birth	הֻלֶּדֶת
remembered	זָכַר
hundred	מֵאָה
ninety	תִּשְׁעִים
will laugh	יִצְחַק
therefore	עַל כֵּן
feast	מִשְׁתֶּה

וַה׳ זָכַר אֶת שָׂרָה

וְנָתַן לָהּ בֵּן.

אַבְרָהָם הָיָה בֶּן מֵאָה (100) שָׁנָה,

וְשָׂרָה הָיְתָה בַּת תִּשְׁעִים (90) שָׁנָה,

כַּאֲשֶׁר נוֹלַד לָהּ בֵּן.

שָׂרָה אָמְרָה:

״אֲנִי אִשָּׁה זְקֵנָה,

וַאֲנִי יָלַדְתִּי בֵּן.

כָּל אִישׁ הַשּׁוֹמֵעַ זֹאת, יִצְחַק לִי״.

עַל כֵּן קָרְאוּ אֶת שֵׁם הַבֵּן יִצְחָק.

אַבְרָהָם הָיָה שָׂמֵחַ מְאֹד.

וְגַם שָׂרָה הָיְתָה שְׂמֵחָה מְאֹד.

וְהֵם עָשׂוּ מִשְׁתֶּה גָּדוֹל.

בַּתּוֹרָה כָּתוּב:

וַה׳ פָּקַד אֶת שָׂרָה
כַּאֲשֶׁר אָמָר. וַתֵּלֶד
שָׂרָה לְאַבְרָהָם בֵּן
לִזְקֻנָיו.

ויהוה פקד את שרה
כאשר אמר ותלד
שרה לאברהם בן
לזקניו

פָּקַד – זָכַר. לִזְקֻנָיו – כַּאֲשֶׁר הָיָה זָקֵן.

הַנִּסָּיוֹן הַגָּדוֹל.

test	נִסָּיוֹן
to test	לְנַסּוֹת
the only one	הַיָּחִיד
you will give	תִּתֵּן
sacrifice	עוֹלָה
early in the morning	בַּבֹּקֶר הַשְׁכֵּם

אַבְרָהָם הָיָה אִישׁ צַדִּיק.

וְהוּא עָשָׂה אֶת כָּל אֲשֶׁר אָמַר ה׳.

פַּעַם אַחַת אָמַר ה׳ לְאַבְרָהָם

לַעֲשׂוֹת דָּבָר קָשֶׁה מְאֹד,

כִּי ה׳ רָצָה לְנַסּוֹת אוֹתוֹ.

ה׳ אָמַר אֶל אַבְרָהָם:

”קַח אֶת הַבֵּן הַיָּחִיד שֶׁלְּךָ

וְלֵךְ אִתּוֹ אֶל הַר הַמּוֹרִיָּה,

וְשָׁם אַתָּה תִּתֵּן אוֹתוֹ לְעוֹלָה לַה׳“.

אַבְרָהָם קָם בַּבֹּקֶר הַשְׁכֵּם,

וְהוּא לָקַח אֶת יִצְחָק בְּנוֹ.

וְהֵם הָלְכוּ אֶל הַמָּקוֹם,

אֲשֶׁר אָמַר ה׳ לְאַבְרָהָם.

בַּתּוֹרָה כָּתוּב:

וַיֹּאמֶר: קַח נָא אֶת	ויאמר קח נא את
בִּנְךָ, אֶת יְחִידְךָ, אֲשֶׁר	בנך את יחידך אשר
אָהַבְתָּ, אֶת יִצְחָק, וְלֶךְ	אהבת את יצחק ולך
לְךָ אֶל אֶרֶץ הַמֹּרִיָּה.	לך אל ארץ המריה:

בִּנְךָ – הַבֵּן שֶׁלְּךָ. יְחִידְךָ – הַבֵּן הַיָּחִיד שֶׁלְּךָ.

אַיֵּה הַשֶּׂה לְעוֹלָה?

lamb	שֶׂה
wood	עֵצִים
tears	דְּמָעוֹת
were seen	נִרְאוּ
tied	עָקַד
arranged	עָרַךְ

אַבְרָהָם וְיִצְחָק הָלְכוּ וְהָלְכוּ

וּבָאוּ אֶל הַר הַמּוֹרִיָּה.

אַבְרָהָם בָּנָה מִזְבֵּחַ.

אַבְרָהָם לָקַח עֵצִים,

וְשָׂם אֶת הָעֵצִים עַל הַמִּזְבֵּחַ.

יִצְחָק שָׁאַל:

״הִנֵּה הַמִּזְבֵּחַ וְהָעֵצִים

וְאַיֵּה הַשֶּׂה לְעוֹלָה?״

עָנָה אַבְרָהָם:

״ה׳ רוֹצֶה בְּךָ לְעוֹלָה״.

וּדְמָעוֹת נִרְאוּ בְּעֵינָיו.

אַבְרָהָם עָקַד אֶת יִצְחָק,

וְשָׂם אוֹתוֹ עַל הַמִּזְבֵּחַ.

בַּתּוֹרָה כָּתוּב:

וַיִּבֶן שָׁם אַבְרָהָם אֶת	ויבן שם אברהם את
הַמִּזְבֵּחַ, וַיַּעֲרֹךְ אֶת	המזבח ויערך את
הָעֵצִים, וַיַּעֲקֹד אֶת	העצים ויעקד את
יִצְחָק בְּנוֹ, וַיָּשֶׂם אוֹתוֹ	יצחק בנו וישם אתו
עַל הַמִּזְבֵּחַ.	על המזבח

וַיִּבֶן - בָּנָה. וַיַּעֲרֹךְ - עָרַךְ. וַיַּעֲקֹד - עָקַד. וַיָּשֶׂם - שָׂם.

הָאַיִל.

אַיִל	ram
מַאֲכֶלֶת	knife
אַל תִּשְׁלַח	don't send forth
אַל תַּעֲשֶׂה	don't do
מְאוּמָה	anything
הֵרִים	raised
סְבַךְ	thicket

אַבְרָהָם לָקַח אֶת הַמַּאֲכֶלֶת בְּיָדוֹ.
פִּתְאֹם הוּא שָׁמַע קוֹל מִן הַשָּׁמַיִם:
"אַבְרָהָם, אַבְרָהָם!
אַל תִּשְׁלַח יָדְךָ אֶל הַנַּעַר,
וְאַל תַּעֲשֶׂה לוֹ מְאוּמָה.
ה׳ אֵינֶנּוּ רוֹצֶה עוֹלָה שֶׁל יְלָדִים,
ה׳ רוֹצֶה רַק לְנַסּוֹת אוֹתְךָ".

אַבְרָהָם הֵרִים אֶת עֵינָיו,

וְרָאָה אַיִל עוֹמֵד בַּסְּבַךְ.

אַבְרָהָם לָקַח אֶת הָאַיִל,

אַבְרָהָם עָקַד אוֹתוֹ,

וְנָתַן אוֹתוֹ לְעוֹלָה לַה׳.

בַּתּוֹרָה כָּתוּב:

וַיֵּלֶךְ אַבְרָהָם, וַיִּקַּח
אֶת הָאַיִל, וַיַּעֲלֵהוּ
לְעוֹלָה תַּחַת בְּנוֹ.

וילך אברהם ויקח
את האיל ויעלהו
לעלה תחת בנו

וַיֵּלֶךְ - הָלַךְ. וַיִּקַּח - לָקַח. וַיַּעֲלֵהוּ - הֶעֱלָה אוֹתוֹ.

סִפּוּרֵי הַסִּדְרָה

"חַיֵּי שָׂרָה"

שָׂרָה מֵתָה.

lived	יָשַׁב
then	אָז
for	בִּשְׁבִיל
present	מַתָּנָה, מַתָּנוֹת (ר.)
to buy	לִקְנוֹת
life	חַיִּים

שָׂרָה מֵתָה כַּאֲשֶׁר הָיְתָה
בַּת מֵאָה וְעֶשְׂרִים וְשֶׁבַע (127) שָׁנִים.
אַבְרָהָם יָשַׁב אָז בְּעִיר חֶבְרוֹן.
אַבְרָהָם הָיָה עָצוּב מְאֹד,
כִּי הוּא אָהַב מְאֹד אֶת שָׂרָה אִשְׁתּוֹ.
אַבְרָהָם יָשַׁב עַל הָאָרֶץ וּבָכָה.
אַחֲרֵי כֵן קָם אַבְרָהָם
וְהָלַךְ אֶל בְּנֵי חֵת,
אֲשֶׁר יָשְׁבוּ בְּעִיר חֶבְרוֹן.

אַבְרָהָם בִּקֵּשׁ מֵהֶם שָׂדֶה בִּשְׁבִיל קֶבֶר.
בְּנֵי חֵת חָפְצוּ לָתֵת לוֹ קֶבֶר בְּמַתָּנָה,
אֲבָל אַבְרָהָם לֹא אָהַב מַתָּנוֹת.
אַבְרָהָם חָפֵץ לִקְנוֹת אֶת הַקֶּבֶר.

בַּתּוֹרָה כָּתוּב:

וַיִּהְיוּ חַיֵּי שָׂרָה מֵאָה	ויהיו חיי שרה מאה
שָׁנָה וְעֶשְׂרִים שָׁנָה	שנה ועשרים שנה
וְשֶׁבַע שָׁנִים. וַתָּמָת	ושבע שנים ותמת
שָׂרָה בְּקִרְיַת אַרְבַּע.	שרה בקרית ארבע
הִיא חֶבְרוֹן. בְּאֶרֶץ	הוא חברון בארץ
כְּנָעַן.	כנען

וַיִּהְיוּ — הָיוּ. חַיֵּי — הַחַיִּים שֶׁל. וַתָּמָת — מֵתָה.

מְעָרַת הַמַּכְפֵּלָה.

cave	מְעָרָה
to bury	לְקַבֵּר
paid	שִׁלֵּם
shekels of silver	שֶׁקֶל כֶּסֶף
buried	קָבַר
purchase	מִקְנָה

אַבְרָהָם חָפֵץ לִקְנוֹת אֶת הַשָּׂדֶה
שֶׁל עֶפְרוֹן בֶּן צֹחַר מִבְּנֵי חֵת.
בַּשָּׂדֶה הַזֶּה הָיְתָה מְעָרָה.
וְאַבְרָהָם חָפֵץ לִקְבֹּר אֶת שָׂרָה
בַּמְּעָרָה הַזֹּאת.
אַבְרָהָם קָנָה אֶת הַשָּׂדֶה
וְאֶת הַמְּעָרָה אֲשֶׁר בַּשָּׂדֶה.
וְהוּא שִׁלֵּם לְעֶפְרוֹן בֶּן צֹחַר
אַרְבַּע מֵאוֹת (400) שֶׁקֶל כֶּסֶף.

אַבְרָהָם קָבַר אֶת שָׂרָה אִשְׁתּוֹ
בַּמְּעָרָה אֲשֶׁר בַּשָּׂדֶה הַזֶּה.
שֵׁם הַמְּעָרָה הַזֹּאת מְעָרַת הַמַּכְפֵּלָה.

כַּתּוֹרָה כָּתוּב:

וַיָּקָם שְׂדֵה עֶפְרוֹן,
הַשָּׂדֶה וְהַמְּעָרָה, אֲשֶׁר
בּוֹ, וְכָל הָעֵץ אֲשֶׁר
בַּשָּׂדֶה – לְאַבְרָהָם
לְמִקְנָה.

ויקם שדה עפרן
השדה והמערה אשר
בו וכל העץ אשר
בשדה לאברהם
למקנה

הָעֶבֶד אֱלִיעֶזֶר.

עֶבֶד	servant, slave
בַּת, בָּנוֹת (ר.)	daughter
מוֹלַדְתִּי	my birthplace
בְּנִי	my son
גָּמָל, גְּמַלִּים (ר.)	camel
זָהָב	gold

אַבְרָהָם הָיָה זָקֵן מְאֹד.
וְיִצְחָק בְּנוֹ עוֹד לֹא לָקַח אִשָּׁה.
אַבְרָהָם וְיִצְחָק לֹא אָהֲבוּ אֶת בְּנוֹת כְּנַעַן,
כִּי הֵן לֹא הָלְכוּ בְּדֶרֶךְ ה׳.
לְאַבְרָהָם הָיָה עֶבֶד זָקֵן.
שֵׁם הָעֶבֶד הַזֶּה הָיָה אֱלִיעֶזֶר.
אַבְרָהָם אָמַר אֶל אֱלִיעֶזֶר:
״לֵךְ אֶל אֶרֶץ מוֹלַדְתִּי,
לֵךְ אֶל בֵּית אָבִי,
וְקַח מִשָּׁם אִשָּׁה לִבְנִי לְיִצְחָק״.

הָעֶבֶד אֱלִיעֶזֶר לָקַח עֲשָׂרָה (10) גְּמַלִּים,
אֱלִיעֶזֶר לָקַח מַתָּנוֹת שֶׁל כֶּסֶף וְזָהָב,
וְהָלַךְ אֶל אֶרֶץ אֲרַם נַהֲרַיִם,
אֶל הָעִיר שֶׁל נָחוֹר, הָאָח שֶׁל אַבְרָהָם.

בַּתּוֹרָה כָּתוּב:

ויקח העבד עשרה
גמלים וכל טוב אדניו
בידו ויקם וילך אל
ארם נהרים אל עיר
נחור

וַיִּקַּח הָעֶבֶד עֲשָׂרָה
גְמַלִּים וְכָל טוּב אֲדֹנָיו
בְּיָדוֹ. וַיָּקָם וַיֵּלֶךְ אֶל
אֲרַם נַהֲרַיִם, אֶל עִיר
נָחוֹר.

כָּל טוּב - כָּל דָּבָר טוֹב.

אֵצֶל בְּאֵר הַמַּיִם.

a well	בְּאֵר
near him	אֶצְלוֹ
to send	לִשְׁלֹחַ
moment	רֶגַע
pitcher	כַּד
shoulder	שְׁכֶם
filled	מְלֵאָה

הָעֶבֶד אֱלִיעֶזֶר הָלַךְ אֶל אֲרַם נַהֲרַיִם,
וְהוּא בָּא אֶל הָעִיר חָרָן.
אֵצֶל הָעִיר הָיְתָה בְּאֵר מַיִם.
אֱלִיעֶזֶר עָמַד אֵצֶל הַבְּאֵר,
וְהַגְּמַלִּים עָמְדוּ אֶצְלוֹ.
אֱלִיעֶזֶר נָתַן תּוֹדָה לַה׳,
כִּי הֵבִיא אוֹתוֹ בְּשָׁלוֹם אֶל חָרָן.

אֱלִיעֶזֶר הִתְפַּלֵּל אֶל ה׳
לִשְׁלֹחַ לוֹ אִשָּׁה טוֹבָה לְיִצְחָק.
בָּרֶגַע הַזֶּה רָאָה אֱלִיעֶזֶר
נַעֲרָה יָפָה מְאֹד הוֹלֶכֶת אֶל הַבְּאֵר,
וְכַד עַל הַשֶּׁכֶם שֶׁלָּהּ.
הַנַּעֲרָה יָרְדָה אֶל הַבְּאֵר,
וּמִלְּאָה אֶת הַכַּד מַיִם.

בַּתּוֹרָה כָּתוּב:

וְהַנַּעֲרָה טֹבַת מַרְאֶה	**והנער טבת מראה**
מְאֹד. וַתֵּרֶד הָעַיְנָה,	**מאד ותרד העינה**
וַתְּמַלֵּא כַדָּהּ.	**ותמלא כדה**

וַתֵּרֶד - יָרְדָה. הָעַיְנָה - אֶל הַבְּאֵר. וַתְּמַלֵּא - מִלְּאָה.

הַנַּעֲרָה נוֹתֶנֶת מַיִם לֶאֱלִיעֶזֶר וְלַגְּמַלִּים.

ran	רָץ
lowered	הוֹרִידָה
poured	יָצְקָה
watering trough	שֹׁקֶת
time	פַּעַם, פְּעָמִים (ר.)

אֱלִיעֶזֶר רָץ אֶל הַנַּעֲרָה וְאָמַר:

"בְּבַקָּשָׁה, תְּנִי לִי מְעַט מַיִם לִשְׁתּוֹת".

הַנַּעֲרָה הוֹרִידָה מַהֵר אֶת הַכַּד

וְנָתְנָה לוֹ מַיִם לִשְׁתּוֹת.

אַחֲרֵי כֵן אָמְרָה הַנַּעֲרָה:

"גַּם הַגְּמַלִּים שֶׁלְּךָ רוֹצִים לִשְׁתּוֹת.

אֲנִי אֶתֵּן מַיִם גַּם לָהֶם".

הַנַּעֲרָה הָלְכָה עוֹד פַּעַם אֶל הַבְּאֵר.

הִיא מִלְּאָה אֶת הַכַּד מַיִם,

וְיָצְקָה אֶת הַמַּיִם אֶל הַשֹּׁקֶת.

הִיא הָלְכָה אֶל הַבְּאֵר פְּעָמִים רַבּוֹת

וּמִלְּאָה אֶת כָּל הַשֹּׁקֶת מַיִם.

וְהַגְּמַלִּים שָׁתוּ אֶת הַמַּיִם מִן הַשֹּׁקֶת.

בַּתּוֹרָה כָּתוּב:

וַיָּרָץ הָעֶבֶד לִקְרָאתָהּ	וירץ העבד לקראתה
וַיֹּאמֶר: הַגְמִיאִינִי נָא	ויאמר הגמיאיני נא
מְעַט מַיִם מִכַּדֵּךְ.	מעט מים מכדך

וַיָּרָץ - רָץ. הַגְמִיאִינִי - תְּנִי לִי לִשְׁתּוֹת.

רִבְקָה בַּת בְּתוּאֵל.

in his heart	בְּלִבּוֹ
kindhearted	טוֹבַת לֵב
bracelet	צָמִיד, צְמִידִים (ר.)
to sleep overnight	לָלוּן
bowed	הִשְׁתַּחֲוָה
bowed his head	קָדָה
blessed	בָּרוּךְ

אֱלִיעֶזֶר הִבִּיט אֶל הַנַּעֲרָה וְאָמַר בְּלִבּוֹ:
"הַנַּעֲרָה הַזֹּאת טוֹבַת לֵב מְאֹד.
אוּלַי זֹאת הִיא הָאִשָּׁה,
אֲשֶׁר שָׁלַח ה׳ לְיִצְחָק".

אֱלִיעֶזֶר לָקַח שְׁנֵי צְמִידִים שֶׁל זָהָב

וְשָׂם אוֹתָם עַל הַיָּדַיִם שֶׁל הַנַּעֲרָה.

אֱלִיעֶזֶר שָׁאַל: "מִי אַתְּ? וּמַה שֵּׁם אָבִיךְ?

הֲיֵשׁ בַּבַּיִת שֶׁלָּכֶם מָקוֹם לָלוּן?"

אָמְרָה הַנַּעֲרָה: "שְׁמִי רִבְקָה.

אֲנִי בַת בְּתוּאֵל וְהַנֶּכְדָּה שֶׁל נָחוֹר.

בַּבַּיִת שֶׁל אָבִי יֵשׁ מָקוֹם לָלוּן,

וְיֵשׁ גַּם הַרְבֵּה אֹכֶל לַגְּמַלִּים".

אֱלִיעֶזֶר הִשְׁתַּחֲוָה לַה' וְאָמַר:

"בָּרוּךְ ה', אֲשֶׁר הֵבִיא אוֹתִי

אֶל בֵּית הַמִּשְׁפָּחָה שֶׁל אַבְרָהָם".

בַּתּוֹרָה כָּתוּב:

וַיִּקֹּד הָאִישׁ וַיִּשְׁתַּחוּ	**וַיִּקֹּד הָאִישׁ וַיִּשְׁתַּחוּ**
לַה'. וַיֹּאמֶר: בָּרוּךְ ה'	**לַיהוָה וַיֹּאמֶר בָּרוּךְ יְהֹוָה**
אֱלֹהֵי אֲדוֹנִי אַבְרָהָם.	**אֱלֹהֵי אֲדֹנִי אַבְרָהָם**

וַיִּקֹּד - קָדָה. וַיִּשְׁתַּחוּ - הִשְׁתַּחֲוָה.

אֱלִיעֶזֶר בָּא אֶל בֵּית רִבְקָה.

she ran	רָצָה (נ.)
told	סִפְּרָה (נ.)
our	שֶׁלָּנוּ
washed	רָחַץ
before him	לְפָנָיו
food	אֹכֶל
I will eat	אֹכַל

רִבְקָה רָצָה אֶל הַבַּיִת שֶׁלָּהּ,

וְסִפְּרָה אֶת כָּל הַדְּבָרִים הָאֵלֶּה.

לְרִבְקָה הָיָה אָח וּשְׁמוֹ לָבָן.

לָבָן רָץ אֶל הַבְּאֵר

וְרָאָה אֶת אֱלִיעֶזֶר עוֹמֵד אֵצֶל הַבְּאֵר.

לָבָן אָמַר: "לָמָּה אַתָּה עוֹמֵד בַּחוּץ?
בְּבַקָּשָׁה, בֹּא אֶל הַבַּיִת שֶׁלָּנוּ".

אֱלִיעֶזֶר בָּא אֶל הַבַּיִת,

וְרָחַץ אֶת הַיָּדַיִם וְאֶת הָרַגְלַיִם בַּמַּיִם.

בְּתוּאֵל וְאִשְׁתּוֹ שָׂמוּ לְפָנָיו אֹכֶל.

אֱלִיעֶזֶר אָמַר:
"בָּרִאשׁוֹנָה אֲנִי רוֹצֶה לְסַפֵּר לָכֶם
אֶת הַכֹּל.

וְאַחֲרֵי כֵן אֲנִי אֹכַל לֶחֶם".

וְהֵם אָמְרוּ: "טוֹב, דַּבֵּר".

בַּתּוֹרָה כָּתוּב:

וַיָּבֹא הָאִישׁ הַבַּיְתָה.	ויבא האיש הביתה
וַיּוּשַׂם לְפָנָיו לֶאֱכֹל.	ויושם לפניו לאכל
וַיֹּאמֶר: לֹא אֹכַל, עַד	ויאמר לא אכל עד
אִם דִּבַּרְתִּי דְּבָרָי.	אם דברתי דברי

וַיָּבֹא = בָּא. הַבַּיְתָה = אֶל הַבַּיִת. וַיּוּשַׂם לְפָנָיו – שָׂמוּ לְפָנָיו.

דִּבְרֵי אֱלִיעֶזֶר.

the words of	דִּבְרֵי
my master	אֲדוֹנִי
your master	אֲדוֹנֶיךָ
she will be	תִּהְיֶה

אֱלִיעֶזֶר אָמַר:

"אֲנִי הָעֶבֶד שֶׁל אַבְרָהָם, הָאָח שֶׁל נָחוֹר.

וְה׳ בֵּרַךְ אֶת אַבְרָהָם בַּכֹּל.

ה׳ נָתַן לְאַבְרָהָם הַרְבֵּה צֹאן וּבָקָר.

ה׳ נָתַן לְאַבְרָהָם הַרְבֵּה כֶּסֶף וְזָהָב.

ה׳ נָתַן לְאַבְרָהָם בֵּן טוֹב מְאֹד.

שֵׁם הַבֵּן הַזֶּה יִצְחָק.

אַבְרָהָם שָׁלַח אוֹתִי הֵנָּה

לָקַחַת אִשָּׁה לְיִצְחָק.

הֲרוֹצִים אַתֶּם לָתֵת אֶת רִבְקָה

לְאִשָּׁה לְיִצְחָק, בֶּן אֲדוֹנִי אַבְרָהָם?"

אָמְרוּ בְתוּאֵל וְלָבָן:

"מֵה' יָצָא הַדָּבָר הַזֶּה.

קַח אֶת רִבְקָה וְלֵךְ אֶל אֶרֶץ כְּנַעַן,

וְהִיא תִּהְיֶה אִשָּׁה לְבֶן אֲדוֹנֶיךָ".

בְּתוֹרָה כָּתוּב:

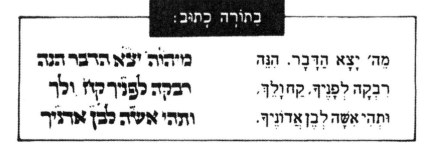

מִיהוה יָצָא הַדָּבָר הֵנָּה   מֵה' יָצָא הַדָּבָר. הֵנָּה

רִבְקָה לְפָנֶיךָ קַח וָלֵךְ   רִבְקָה לְפָנֶיךָ. קַח וָלֵךְ,

וַתְּהִי אִשָּׂה לְבֶן אֲדֹנֶיךָ   וַתְּהִי אִשָּׁה לְבֶן אֲדוֹנֶיךָ.

רִבְקָה הוֹלֶכֶת אֶל אֶרֶץ כְּנַעַן.

took out	הוֹצִיא
articles of silver	כְּלֵי כֶּסֶף
to go	לָלֶכֶת
blessed	בֵּרְכוּ (ר.)
you will be	תִּהְיִי (נ.)
with	עִם

כַּאֲשֶׁר שָׁמַע אֱלִיעֶזֶר זֹאת,

הוּא נָתַן תּוֹדָה לַה׳.

אֱלִיעֶזֶר הוֹצִיא כְּלֵי כֶּסֶף וּכְלֵי זָהָב

וְנָתַן לְרִבְקָה מַתָּנוֹת.

הוּא נָתַן מַתָּנוֹת גַּם לְכָל הַמִּשְׁפָּחָה.

וְהָיְתָה שִׂמְחָה גְּדוֹלָה בַּבַּיִת.

בַּבֹּקֶר קָם אֱלִיעֶזֶר וְאָמַר:

"תְּנוּ לִי אֶת רִבְקָה וְאֵלֵךְ אֶל
בֵּית אֲדוֹנִי".

בְּתוּאֵל וְאִשְׁתּוֹ קָרְאוּ לְרִבְקָה וְשָׁאֲלוּ:

"הֲרוֹצָה אַתְּ לָלֶכֶת עִם הָאִישׁ הַזֶּה?"

רִבְקָה אָמְרָה: "אֵלֵךְ".

הָאָב וְהָאֵם שֶׁלָּה בֵּרְכוּ אוֹתָהּ וְאָמְרוּ:

"אַתְּ תִּהְיִי הָאֵם שֶׁל עַם גָּדוֹל".

וְרִבְקָה הָלְכָה עִם אֱלִיעֶזֶר אֶל אֶרֶץ כְּנַעַן.

<table>
<tr><td colspan="2" align="center">בַּתּוֹרָה כָּתוּב:</td></tr>
<tr><td>וַיּוֹצֵא הָעֶבֶד כְּלֵי כֶסֶף
וּכְלֵי זָהָב וּבְגָדִים וַיִּתֵּן
לְרִבְקָה</td><td>וַיּוֹצֵא הָעֶבֶד כְּלֵי כֶסֶף
וּכְלֵי זָהָב וּבְגָדִים. וַיִּתֵּן
לְרִבְקָה.</td></tr>
</table>

וַיּוֹצֵא – הוֹצִיא.

יִצְחָק לוֹקֵחַ אֶת רִבְקָה לְאִשָּׁה.

she saw	רָאֲתָה (נ.)
told	סִפֵּר
his mother	אִמּוֹ

אֱלִיעֶזֶר וְרִבְקָה בָּאוּ אֶל אֶרֶץ כְּנַעַן,

אֶל הַמָּקוֹם שֶׁל יִצְחָק.

רִבְקָה יָשְׁבָה עַל גָּמָל,

וְהִיא רָאֲתָה אֶת יִצְחָק הוֹלֵךְ בַּשָּׂדֶה.

רִבְקָה שָׁאֲלָה אֶת אֱלִיעֶזֶר:

"מִי הָאִישׁ הַזֶּה הַהוֹלֵךְ בַּשָּׂדֶה?"

אֱלִיעֶזֶר עָנָה:

"זֶה יִצְחָק, בֶּן אֲדוֹנִי אַבְרָהָם".

אֱלִיעֶזֶר נִגַּשׁ אֶל יִצְחָק

וְסִפֵּר לוֹ אֶת כָּל הַדְּבָרִים, אֲשֶׁר עָשָׂה.

יִצְחָק הֵבִיא אֶת רִבְקָה

אֶל הָאֹהֶל שֶׁל שָׂרָה אִמּוֹ,

וְהוּא לָקַח אוֹתָהּ לְאִשָּׁה.

וְיִצְחָק אָהַב מְאֹד אֶת רִבְקָה אִשְׁתּוֹ.

בַּתּוֹרָה כָּתוּב:

וַיְבִאֶהָ יִצְחָק הָאֹהֱלָה	**ויבאה יצחק האהלה**
שָׂרָה אִמּוֹ, וַיִּקַּח אֶת	**שרה אמו ויקח את**
רִבְקָה, וַתְּהִי לוֹ לְאִשָּׁה	**רבקה ותהי לו לאשה**
וַיֶּאֱהָבֶהָ.	**ויאהבה**

וַיְבִאֶהָ הֵבִיא אוֹתָהּ. הָאֹהֱלָה אֶל הָאֹהֶל.

וַיֶּאֱהָבֶהָ אָהַב אוֹתָהּ.

אַבְרָהָם מֵת.

the death of	מוֹת
deeds	מַעֲשִׂים

אַבְרָהָם מֵת כַּאֲשֶׁר הָיָה בֶּן
מֵאָה שִׁבְעִים וְחָמֵשׁ (175) שָׁנִים.

יִצְחָק קָבַר אוֹתוֹ בִּמְעָרַת הַמַּכְפֵּלָה,
אֵצֶל הַקֶּבֶר שֶׁל שָׂרָה אִמּוֹ.

אַחֲרֵי מוֹת אַבְרָהָם,
ה׳ בֵּרַךְ אֶת יִצְחָק בְּכָל הַבְּרָכוֹת,
כְּמוֹ שֶׁבֵּרַךְ אֶת אַבְרָהָם.

יִצְחָק הָיָה אִישׁ טוֹב וְצַדִּיק,
כְּמוֹ הָאָב שֶׁלּוֹ, אַבְרָהָם.
הוּא הָיָה אִישׁ שָׁלוֹם
וְעָשָׂה מַעֲשִׂים טוֹבִים.

יִצְחָק הוּא הָאָב הַשֵּׁנִי
שֶׁל עַם יִשְׂרָאֵל.

בַּתּוֹרָה כָּתוּב:

וַיְהִי אַחֲרֵי מוֹת אַבְרָהָם,
וַיְבָרֶךְ אֱלֹהִים אֶת יִצְחָק
בְּנוֹ.

ויהי אחרי מות אברהם
ויברך אלהים את יצחק
בנו

וַיְבָרֶךְ - בֵּרַךְ.

מִלּוֹן עִבְרִי – אַנְגְּלִי

א.

אָבִינוּ	our father
אֲדוֹנִי	my master
אֲדוֹנֶיךָ	your master
אָהַב	liked, loved
אֹהֶל	tent
אוּלַי	perhaps
אוֹרֵחַ, אוֹרְחִים (ר.)	visitor
אוֹתָם	them
אָז	then
אַיִל	ram
אֹכֶל	food
אֹכַל	I will eat
אַל תַּבִּיטוּ	don't look
אַל תִּהְיֶה	don't be
אַל תַּעֲשֶׂה	don't do
אַל תִּשְׁלַח	don't send forth
אֵלֵךְ	I will go
אִמּוֹ	his mother
אִמֵּנוּ	our mother
אֶמְצָא	I will find
אֲפִילוּ	even
אֶצְלוֹ	near him
אַרְאֶה	I will show
אֵשׁ	fire
אָשִׁיב	I will return
אַשְׁחִית	I will destroy
אִשְׁתְּךָ	your wife
אֶתֵּן	I will give

ב.

בְּאֵר	well
בַּבֹּקֶר הַשְׁכֵּם	early in the morning
בְּלִבּוֹ	in his heart
בְּנִי	my son
בָּקָר	cattle
בִּקֵּשׁ	asked
בָּרוּךְ	blessed
בֵּרְכוּ (ר.)	blessed (pl.)
בִּשְׁבִיל	for
בַּת, בָּנוֹת (ר.)	daughter

ג.

גָּמָל, גְּמַלִּים (ר.)	camel
גָּפְרִית	brimstone

ד.

דָּבָר	thing, word
דִּבְרֵי	the words of
דְּמָעוֹת	tears
דֶּרֶךְ	road, way

ה.

הוֹלִיד	begot, was father of

הוֹצִיא	took out
הוֹרִיד, הוֹרִידָה (נ.)	brought down
הֻלֶּדֶת	birth
הֲמוֹן גּוֹיִם	multitude of nations
הֵרִים	raised
הֵשִׁיב	returned
הִשְׁתַּחֲוָה	bowed
הִתְנַפֵּל	fell upon
הִתְפַּלֵּל, הִתְפַּלְלוּ (ר.)	prayed

ז.

זָהָב	gold
זָכַר	remembered
זְמַן	time
זֶרַע	children
זַרְעֲךָ	your children

ח.

חַיִּים	life

ט.

טוֹבַת לֵב	kindhearted

י.

יָחִיד	only one
יָכֹל	can
יָמִין	right
יִצְחַק	will laugh
יָצְקָה (נ)	poured
יָשַׁב	lived, sat

כ.

כַּד	pitcher
כֹּה	so, thus
כִּי	that, because
כִּכַּר הַיַּרְדֵּן	Plain of the Jordan
כְּלֵי כֶסֶף	articles of silver

ל.

לֹא יִקָּרֵא	shall not be called
לֶאֱכֹל	to eat
לָבֹא	to enter
לְהַשְׁחִית	to destroy
לִישֹׁן	to sleep
לָלוּן	to sleep overnight
לָלֶכֶת	to go
לִמְצֹא	to find
לְנַסּוֹת	to test
לִסְפֹּר	to count
לְפָנָיו	before him
לָצֵאת	to go out
לִקְבֹּר	to bury
לִקְנוֹת	to buy
לִשְׁלֹחַ	to send
לִשְׁתּוֹת	to drink

מ.

מֵאָה	one hundred
מְאוּמָה	anything
מַאֲכֶלֶת	knife
מוֹלֶדֶת	birthplace
מוֹלַדְתִּי	my birthplace
מוֹת	the death of
מַכָּה רַבָּה	great defeat
מַכְנִיס	admits
מִלְאָה	filled
מַלְאָךְ, מַלְאָכִים (ר.)	angel
מִלְחָמָה	war
מֶלֶךְ, מְלָכִים (ר.)	king
מִמְּךָ	from you
מְעַט	a little
מְעָרָה	cave
מַעֲשִׂים	deeds
מִקְנָה	purchase
מַתָּנָה, מַתָּנוֹת (ר.)	present
מִשְׁתֶּה	feast

נ.

נָא	please
נֶגֶב	south
נִגְּשׁוּ (ר.)	approached
נוֹלַד	was born
נָסַבּוּ (ר.)	surrounded
נִסָּיוֹן	test
נֶפֶשׁ	souls, people
נְצִיב מֶלַח	pillar of salt
נִרְאָה	appeared
נִרְאוּ (ר.)	were seen
נִשְׁאַר, נִשְׁאֲרוּ (ר.)	remained
נִשְׁבָּה	was captured

ס.

סְבַךְ	thicket
סַנְוֵרִים	blindness
סְפֹר	count
סִפֵּר	told
סִפְּרָה (נ.)	told (f.)

ע.

עֶבֶד	servant, slave
עוֹלָה	sacrifice
עַל כֵּן	therefore
עִם	with
עֵצִים	wood
עָקַד	tied
עָרַךְ	arranged
עָשִׁיר	rich

פ.

פָּלִיט	fugitive
פֶּסֶל, פְּסִילִים (ר.)	idol
פַּעַם, פְּעָמִים (ר.)	time
פִּתְאֹם	suddenly

צ.

צֵא	go out
צַדִּיק, צַדֶּקֶת (נ.)	righteous
צָמִיד, צְמִידִים (ר.)	bracelet

ק.

קָבַר	buried
קָדָה	bowed his head
קָשֶׁה	hard

ר.

רִאשׁוֹן, רִאשׁוֹנָה (נ.)	first
רָאֲתָה (נ.)	saw
רֶגַע	moment
רוֹעֶה, רוֹעִים (ר.)	shepherd
רִחֵם	had pity
רָחַץ	washed
רִיב	quarrel
רְכוּשׁ	property
רָץ, רָצָה (נ.)	ran
רָשָׁע, רְשָׁעִים (ר.)	wicked

שׁ.

שֶׁבִי, שְׁבִי	captivity
שְׁכֶם	shoulder
שֶׁלּוֹ	his
שֶׁלְּךָ	your
שִׁלֵּם	paid
שֶׁלָּנוּ	our
שִׁמְךָ	your name
שָׁמַע, שָׁמְעָה (נ.)	heard
שַׁעַר	gate
שֶׁקֶל כֶּסֶף	shekel of silver
שֹׁקֶת	watering trough

שׂ.

שָׂדֶה	field
שֶׂה	lamb
שָׂכָר	reward
שְׂמֹאל	left
שָׂמֵחַ	happy
שְׂרוֹךְ נַעַל	shoelace

ת.

תֹּאמַר	you (she) will say
תִּהְיֶה	she (you) will be
תִּהְיִי (נ.)	you will be
תֵּלֵד	she will give birth
תֵּלֵךְ	you (she) will go
תָּמוּתוּ	you will die
תַּשְׁחִית	you will destroy
תִּשְׁעִים	ninety
תִּתֵּן	you will give

English – Hebrew Dictionary

A.

admits, brings in — מַכְנִיס
angel — מַלְאָךְ, מַלְאָכִים (ר.)
anything — מְאוּמָה
appeared — נִרְאָה
approached — נִגַּשׁ, נִגְּשׁוּ (ר.)
arranged — עָרַךְ
articles of silver — כְּלֵי כֶסֶף
asked — בִּקֵּשׁ

B.

before — לִפְנֵי
before him — לְפָנָיו
begot, **was father of** — הוֹלִיד
birth — הֻלֶּדֶת
birthplace — מוֹלֶדֶת
my birthplace — מוֹלַדְתִּי
blessed — בָּרוּךְ
(they) blessed — בֵּרְכוּ
blindness — סַנְוֵרִים
bowed — הִשְׁתַּחֲוָה
bowed his head — קָדָה
bracelet — צָמִיד, צְמִידִים (ר.)
brimstone — גָּפְרִית
brought down — הוֹרִיד
buried — קָבַר

C.

camel — גָּמָל, גְּמַלִּים (ר.)
can — יָכֹל
captivity — שֶׁבִי, שְׁבִי
cattle — בָּקָר
cave — מְעָרָה
children — זֶרַע
your children — זַרְעֲךָ
count — סְפֹר

D.

daughter — בַּת, בָּנוֹת (ר.)
death of — מוֹת
deeds — מַעֲשִׂים
don't be — אַל תִּהְיֶה
don't do — אַל תַּעֲשֶׂה
don't look — אַל תַּבִּיטוּ
don't send forth — אַל תְּשַׁלַּח

E.

early in the morning — בַּבֹּקֶר הַשְׁכֵּם
even — אֲפִילוּ

F.

father — אָב
our father — אָבִינוּ
feast — מִשְׁתֶּה

fell upon, attacked	הִתְנַפֵּל
field	שָׂדֶה
filled	מָלֵא, מְלֵאָה (נ.)
fire	אֵשׁ
first	רִאשׁוֹן, רִאשׁוֹנָה (נ.)
food	אֹכֶל
for	בִּשְׁבִיל
from you	מִמְּךָ
fugitive	פָּלִיט

G.

gate	שַׁעַר
go out	צֵא
gold	זָהָב
great defeat	מַכָּה רַבָּה

H.

happy	שָׂמֵחַ
hard	קָשֶׁה
heard	שָׁמַע, שָׁמְעָה (נ.)
his	שֶׁלּוֹ
hundred	מֵאָה

I.

I will destroy	אַשְׁחִית
I will eat	אֹכַל
I will find	אֶמְצָא
I will give	אֶתֵּן
I will go	אֵלֵךְ
I will return	אָשׁוּב
I will show	אַרְאֶה
idol	פֶּסֶל, פְּסִילִים (ר.)
in his heart	בְּלִבּוֹ
it shall not be called	לֹא יִקָּרֵא

K.

kindhearted	טוֹב־לֵב, טוֹבַת־לֵב (נ.)
king	מֶלֶךְ, מְלָכִים (ר.)
knife	מַאֲכֶלֶת

L.

lamb	שֶׂה
will laugh	יִצְחַק
left	שְׂמֹאל
life	חַיִּים
liked	אָהַב
a little	מְעַט
lived, sat	יָשַׁב
lowered	הוֹרִיד, הוֹרִידָה (נ.)

M.

master	אָדוֹן
my master	אֲדוֹנִי
your master	אֲדוֹנֶיךָ
moment	רֶגַע
mother	אֵם
his mother	אִמּוֹ

(our)mother	אִמֵּנוּ
multitude of nations	הֲמוֹן גּוֹיִים

N.

name	שֵׁם
(your)name	שִׁמְךָ
near	אֵצֶל
near him	אֶצְלוֹ
ninety	תִּשְׁעִים

O.

only one	יָחִיד
our	שֶׁלָּנוּ

P.

paid	שִׁלֵּם
perhaps	אוּלַי
pillar of salt	נְצִיב מֶלַח
pitcher	כַּד
pitied	רִחֵם
Plain of the Jordan	כִּכַּר הַיַּרְדֵּן
please	נָא
poured	יָצַק, יָצְקָה (נ.)
prayed	הִתְפַּלֵּל, הִתְפַּלְּלוּ (ר.)
present	מַתָּנָה, מַתָּנוֹת (ר.)
property	רְכוּשׁ
purchase	מִקְנָה

Q.

quarrel	רִיב

R.

raised	הֵרִים
ram	אַיִל
ran	רָץ, רָצָה (נ.)
remained	נִשְׁאַר, נִשְׁאֲרוּ (ר.)
remembered	זָכַר
returned	הֵשִׁיב
reward	שָׂכָר
rich	עָשִׁיר
right	יָמִין
righteous	צַדִּיק, צַדֶּקֶת (נ.)
road	דֶּרֶךְ

S.

sacrifice	עוֹלָה
saw	רָאָה, רָאֲתָה (נ.)
servant, slave	עֶבֶד
she will be	תִּהְיֶה
she will give birth	תֵּלֵד
shekels of silver	שֶׁקֶל כֶּסֶף
shepherd	רוֹעֶה, רוֹעִים (ר.)
shoe lace	שְׂרוֹךְ נַעַל
shoulder	שְׁכֶם
so	כֹּה
son	בֵּן
my son	בְּנִי
soul	נֶפֶשׁ
south	נֶגֶב
suddenly	פִּתְאֹם
surrounded	נָסַבּוּ

T.

tears	דְמָעוֹת
tent	אֹהֶל
test	נִסָּיוֹן
that	כִּי
them	אוֹתָם
then	אָז
therefore	עַל כֵּן
thicket	סְבַךְ
thing	דָּבָר, דְּבָרִים (ר.)
tied	עָקַד
time	זְמָן
time	פַּעַם, פְּעָמִים (ר.)
told	סִפֵּר, סִפְּרָה (נ.)
to bury	לִקְבֹּר
to buy	לִקְנוֹת
to count	לִסְפֹּר
to drink	לִשְׁתּוֹת
to destroy	לְהַשְׁחִית
to eat	לֶאֱכֹל
to enter	לָבֹא
to find	לִמְצֹא
to go	לָלֶכֶת
to go out	לָצֵאת
to send	לִשְׁלֹחַ
to sleep	לִישֹׁן
to sleep overnight	לָלוּן
to test	לְנַסּוֹת
took out	הוֹצִיא

V.

visitor	אוֹרֵחַ, אוֹרְחִים (ר.)

W.

war	מִלְחָמָה
was born	נוֹלַד
was captured	נִשְׁבָּה
washed	רָחַץ
watering trough	שֹׁקֶת
well	בְּאֵר
were seen	נִרְאוּ
wicked	רָשָׁע, רְשָׁעִים (ר.)
wife, woman	אִשָּׁה
your wife	אִשְׁתְּךָ
with	עִם
wood	עֵצִים
word	דָּבָר, דְּבָרִים (ר.)
words of	דִּבְרֵי

Y.

you will be	תִּהְיֶה (ז.)
you will be	תִּהְיִי (נ.)
you will destroy	תַּשְׁחִית
you will die	תָּמוּת, תָּמוּתוּ (ר.)
you will give	תִּתֵּן
you will go	תֵּלֵךְ
you will say	תֹּאמַר
your	שֶׁלְּךָ